だいわ文庫

やめた人から成功する。

千田琢哉

大和書房

プロローグ

「我慢」という名の現状維持に逃げ込まないために。

「今、我慢しておけばいずれ幸せになれる」

そう信じて眉間にしわを寄せながら頑張っている人は少なくない。

学校でも「我慢するのはいいことだ」と教わっただろう。

しかし、周囲を見渡してもらいたい。

我慢に我慢を重ねた人生の先輩を見て、果たしてその人は幸せになっていると感じるだろうか。

我慢に我慢を重ねた結果、最後に我慢から解放されて自由になった人がいるだろうか。

人生がかかっているのだから、ここは一つ建前ではなく本音でいこう。

現実は、我慢の先には更なる我慢が待ち構えているだけではないだろうか。

正確には、あなたが我慢からイチ抜けると決めておかなければ、永遠に他人から我慢を強いられることになる。

「こんなことも我慢できる強い人なのだから、もう少しいけるよね」

と周囲はどんどんあなたに我慢を強要してくるようになる。

そして、自分が本当にやりたいことにチャレンジする時間もなく、人生が消費されていくのだ。

「でも、会社だからしかたない」

「仕事だからやるしかない」

こんな反論が心に浮かんだら、要注意だ。

その人は、我慢を盾にして、新しいことへの挑戦から逃げているはずだ。

つまり、すでに我慢人生の奴隷予備軍ということだ。


もちろん下積みの時期には、ある程度の我慢が必要だろう。

だが、我慢することに麻痺してしまってはいけないということだ。

我慢していることで、仕事していると勘違いしてはいけないということだ。

何も考えないでする我慢は、単なる時間の消費に過ぎない。

下積みの時期から、いかに我慢から脱出することができるのかを日々真剣に考えて仕事に取り組まなければ地獄の人生一直線だ。


多くの人たちがそうした我慢人生に甘んじている。

そして、我慢より挑戦を選んだ人生を生きている人たちを「ワガママだ」「自分勝手だ」と、うらやみ、妬みながら生きていくことになる。

サラリーマンの愚痴の大半は、理不尽な我慢に対する不満でできている。

ボーッとしていると、あなたもひたすら上司の理不尽な命令に我慢することだけで人生を終えてしまう。


幸せというのは理不尽な我慢をしなくてもいい人生のことだ。

人生はすべてあなた自身の選択で形成されていく。

今日から、我慢することに使っていたエネルギーを、挑戦することに使ってもいいはずだ。

我慢に逃げるのは、もう終わりにしよう。

本書が我慢人生からイチ抜けるきっかけになれば幸いである。

南青山の書斎から　千田琢哉

目次

第2章 「仕事」の我慢をやめる

第3章 「時間」の我慢をやめる

第4章 「お金」の我慢をやめる

第5章 「人脈」の我慢をやめる

第6章 「恋愛」の我慢をやめる

第7章 「家庭」の我慢をやめる

第 *1* 章

「人生」の我慢をやめる

1

「逃げる」ことから逃げない。

「ここまでやっておいてお前は逃げるのか」

「最後まで諦めないことが大切なのよ」

と我慢を強要されて育ってきた人は多い。

ところがそうやって強要してくる人たちの表情を一度思い出してもらいたい。

揃いも揃って苦虫を嚙《か》み潰したような顔をしているのではないだろうか。

年齢の割にはめっきり老け込んではいないだろうか。

つまりあなたも我慢に我慢を重ねた人生を歩み続けると、そういう顔になることの証明だ。


その人の思想や行動パターンは、その人の風貌《ふうぼう》と人生を創り上げていく。

我慢を強要してくる人は、自分が我慢人生を生きてきた人だ。

自分が受けた苦痛に、あなたを通して復讐《ふくしゅう》しているのだ。

しかし、本来「俺が我慢したんだからお前も我慢しろ」という理屈は通らない。

やるだけやってダメなら、さっさと逃げることも大切だ。

もし精神的にへし折られそうになったら、その前にあっさり逃げることだ。

筋肉のトレーニング同様に、オーバートレーニングは何もしない運動不足よりも遥かに体に悪い。

やめるという選択肢から逃げてはいけないのだ。

2 「我慢している人」は、他人にも我慢を強要する。

あなたに我慢を強要してくる人は、他の誰かから我慢を強要されている人だ。

感情というのは、人と人の間をリレーしながら常に駆け巡っている。

美しい感情をリレーしている人たちは、いつも美しい人生を歩み続けている。

醜い感情をリレーしている人たちは、いつも醜い人生を歩み続けている。

美しい人生を歩んでいる住人が、醜い人生を歩んでいる住人とワイワイガヤガヤ群がって井戸端会議をすることはない。

お互いに居心地が悪くて耐えられず、すれ違い人生で終わっていくからだ。

あなたが我慢の人生に巻き込まれれば、あなたも他の誰かに我慢を強要することになる。

我慢のリレーに巻き込まれたくなかったら、我慢を運んでくる人が近づいてきたら携帯電話に出るふりをしてその場から移動することだ。

「そんなことしたら嫌われてしまう」

と心配する必要はない。

人生の早い段階で我慢を強要する人から見放されてしまうことが、幸せな人生を歩んでいくコツなのだ。

3 「苦労すれば報われる」ほど人生は甘くない。

「苦労すればいつか必ず報われる」

と思い込んでいる人は本当に多い。

この間違った教訓が、あなたの人生をこれまた不幸にしてしまう。

苦労すればいつか報われると健気に信じ込んで、苦労づくしの人生で終わっていく人はあまりに多い。

これは一部の特権階級の人が下々の人をそうやって洗脳することによって、自分たちが楽をしながら甘い蜜を吸うための戦略に過ぎない。

苦労だけで人生が終わっていく大半の人々には、次のように戒《いまし》めておけば反論されないからだ。

「キミの努力が足りなかったのだよ」

「学歴がなくても成功した人なんていくらでもいる」

というように。

傍から見たら滑稽《こっけい》に思えるかもしれないが、ここで大切なのは他人を笑うことではない。

あなたは今のままでは自分の夢が叶わないと、薄々気づいてはいないだろうか。

薄々気づいているのなら、それがあなたの本音だ。

本音で生きることが、幸せのスタートなのだ。

薄々気づいている
本音から目を背けない。
本音で生きることが、
幸せのスタート。

4 好きな人と好きなことだけできるのが、極上の人生。

最高の人生とは何か。

我慢とは無縁の人生だ。

我慢と無縁の人生とは何か。

好きな人と好きなことだけできる人生だ。

これが極上の人生だ。

「それは理想であって現実的ではない」

とこれまた我慢を強要する人から説教されてしまいそうだ。

でも、もし理想を捨てて現実にのみ生きていたら、我々は未だに縄文時代から進化していなかっただろう。

更に歴史を遡《さかのぼ》って魚類から両生類も生まれていなかっただろう。

一度近くで一番の高級ホテルに足を運んでもらいたい。

平日の昼間から、まるで異次元のような優雅な空間で、アフタヌーンティーを楽しんでいる幸せそうな人たちがいる。

理想を理想で終わらせない人たちは確実に存在する。

夢を実現させる人は、夢を実現させる人同士の空間で生きている。

翻《ひるがえ》ってあなたはどうだろうか。

嫌いな人に囲まれながら、嫌いなことで人生を埋め尽くしてはいないだろうか。

5 「いい人」ほど、短命。

「いい人」は幸せになれるのだろうか。

「いい人」が幸せになれるのなら、死に物狂いでいい人になる必要がある。

でも、あなたの周囲を見渡してもらいたい。

「いい人」が必ずしも幸せになっているとは限らないことに気づくだろう。

それどころか、「いい人」ほど短命であることに驚かされるはずだ。

「あんなにいい人がいったいなぜ？」

「神様は本当にいるの？」

「世の中間違っている！」

と叫びたくなるような、「いい人」がまだ若くして亡くなってしまう。

「いい人」は周囲を不快にさせないよう、我慢に我慢を重ねながら細心の注意を払って気配りをしてきた人だ。

嫌な顔一つせず、誰もやりたがらないようなことを我慢に我慢を重ねて率先してやってくれた人だ。

凡人が気づかぬところで我慢に我慢を重ねて、人知れずみんなを助けてくれていた人だ。

「いい人」になることは決して悪いことではない。

ただ、あなたは寿命を縮めてでも、「いい人」になる覚悟があるだろうか。

6 わがままな人ほど、長命。

「憎まれっ子　世にはばかる」

という諺《ことわざ》がある。

憎まれている人のほうが、好き放題にのびのび生きているという意味だ。

残念ながら世の中を見渡してみればこれは真実だと言わざるを得ない。

その上好き放題やり放題の人のほうが、概して長命だ。

「これはけしからん」

と誰もが叫びたくなるに違いない。

だが、事実は事実として受け止めようではないか。

わがままで好き放題だと、生きているうちに何度も痛い目に遭う。

ところがわがままで好き放題に生きているだけあって、持ち前のパワーでそれらの壁を突破してしまうのだ。

それどころか失敗を重ねるごとに人間性も徐々に高まっていき、功成り名遂げる人は少なくない。

「俺は昔、ワルだった」

と衝撃の成り上がり体験を綴って一気に尊敬を集める人だっている。

世の中不公平かもしれないが、これが現実なのだ。

わがままに生きると、我慢に我慢を重ねている人からバッシングされる。

でも、それでますます強くなり、我慢を強要してくる人から逃げられるようになるのだ。

7 我慢が足りない人ではなく、我慢し過ぎた人が犯罪者になる。

犯罪者の生涯を綴ったノンフィクションをいくつか読み進めていくと、ある事実に気づかされる。

我慢に我慢を重ねてきた「いい人」がブチ切れると、最後にとんでもない凶悪犯罪をやらかしてしまう可能性があるということだ。

むしろ我慢が足りなかった人たちのほうが適度にガス抜きできているからなのか、大きな犯罪に至らないことが多い。

ワイドショーで流れる近所の人たちへのインタビューは決まってこうだ。

「えー！　あんなに『いい子』が信じられない」

「とても『いい人』だったのに……」

あれはやらせではなく、ありのままの真実なのだ。
我慢は放っておいてもなくならない。
我慢はマグマとして、いつか大噴火して放出される。
大噴火してしまうのは、適度にガス抜きして、ちゃんと放出してこなかったからだ。
自分なりのガス抜き方法を獲得するのは、幸せな人生を歩む上で必須だ。
多少の軋轢《あつれき》は覚悟しても、感情はその場で即時処理をしていくのもいいだろう。
そもそもガス抜きする必要のない環境に身を移してしまうのもいいだろう。
我慢をし過ぎるのは、単にあなたが嫌われたくないからなのだ。
一度自分に聞いてみるといい。
自分の人生は、人に嫌われないためにあるのか。
それとも、やりたいことを実現するためにあるのだろうか。

自分の人生は、
人に嫌われないためにあるのか。
それとも、
やりたいことを実現するために
あるのだろうか。

8
我慢しなくてもいい環境作りが、正しい努力。

生まれてから死ぬまでの間、ずっと我慢とは無縁の人生を謳歌できる人なんて、もちろんいない。

人生のファーストステップでは、我慢する時期が必要だ。

大切なのは、その我慢がいずれ自由を獲得することに直結しているかどうかだ。

何のために我慢するかといえば、自由を獲得した際に感謝できるからだ。

我慢をしてから自由を獲得すれば、自由のありがたみが身に沁みてわかる。

もう一度自由民権運動を勉強すればわかるように、すべての成人に選挙権があるというのは当たり前ではなく、我慢と努力の末に勝ち取ったものなのだ。

努力を重ねてやっと得るのが自由や権利なのだ。

しかし我慢や努力というのは、いずれそれらから解放されるという確信がなければすべてが無駄なのだ。

我慢から解放されるために我慢をするのだ。

努力しなくてもいい場所に行くために努力するのだ。

我慢それ自体が目的になってしまったら、いずれポキリと折れてしまう。

努力それ自体が目的になってしまったら、何も成し遂げられない。

もしあなたの今の我慢が、一点の曇りもなく将来自由を獲得するためのものであれば、それは正しい。

我慢を我慢と感じることなく、プロセスを心から楽しむことができるだろう。

我慢それ自体が
目的になってしまったら、
いずれポキリと折れてしまう。
努力それ自体が
目的になってしまったら、
何も成し遂げられない。

9 他人の夢の奴隷にならない。

何も考えずにひたすら我慢する人生は、他人の夢の奴隷になる人生を送るということだ。

何も考えずに我慢していると、他人の夢を実現させるための歯車の一つとして扱われる。

他人の夢の奴隷になると、何も考えなくてもいいからラクではある。

あなたがボーッとしていても、夢のある人がどんどん命令をしてくれるから、ひたすらそれを消化すればいい。

一度考えないことに慣れてしまうと、考えない状態が快感になってしまう。

もし考えたら我慢できなくなってしまうから、脳が考えないように自己防衛してくれるのだ。

悩んだり苦しんだりせず、淡々と命令を遂行し、仕事が終われば帰って好きなだけ遊ぶことができる。

しかし、あなたの人生はあなたの選択の結果だ。

他人の夢を実現させるための歯車人生は、多くの人たちが歩んでいるのだからラクには違いない。

自分が主人公として夢を実現させていく人生は、ごく少数の人しか歩んでいないのだから、しんどいに違いない。

……と、考える人は多いだろう。

しかし本当は、しんどいと思わせておかないと歯車が不足してしまうだけなのだ。

第2章

「仕事」の我慢をやめる

10
我慢に慣れると、召使いの背中になっていく。

人の生き様は背中に表れる。

召使いの人生を生きる人の背中は召使いの背中だ。

王様の人生を生きる人の背中は王様の背中だ。

これは、私が経営コンサルタント時代にある女性経営者から教わったことだ。

「千田さんは確かに仕事ができるけど、『使われている人間』の背中なのよね」

かつて大物政治家の愛人としてスキャンダルを起こしたとてつもない美人で、頭脳明晰。

言葉はストレートだが見事に本質をえぐっていた。

それ以来、人の背中を見るたびに、トップとそれ以外の背中の違いがわかるようになった。

あらゆる組織はトップとそれ以外でしかない。

自分が見える体の前面は誰もが身だしなみを整える。

だが自分では見えない後ろ側まで気を付ける人は少ない。

気を付けようがないということは、一番その人の本質が露呈されるということだ。

自分には見えなくても、自分以外のすべての人に背中は見られている。

つまりあなたの本質は、自分以外のすべての人に見られているということに他ならない。

我慢という重圧を背負っている人の背中は、無意識のうちに猫背になっていく。

度重なる我慢による卑屈なオーラが、どんよりと漂っているのだ。

人の生き様は背中に表れる。
自分には見えなくても、
自分以外のすべての人に
背中は見られている。

11 我慢を減らさない出世は、偽物の出世。

出世すればするほど、不幸になる人がいる。

上司の命令と部下の突き上げに挟まれて胃に穴が開く。

原因は簡単だ。

その出世自体が偽物だからだ。

本当の出世は、毎日が夏休みのように充実している人生だ。

出世するたびに我慢が減っていかなければおかしいのだ。

建前はいっさい抜きにすると、出世するたびに面倒な仕事は部下に任せられるし、給料もどんどん増えていく。

出世するたびに自分の思い通りの仕事ができる。

上司の数が減れば減るほど、自分で決済できるからこの上ない快感だ。

まるで世界を動かしているかのような錯覚に浸れる。

出世すればするほどに時間とお金が獲得できるからこそ、部下の時代の我慢に耐えられるのだ。

だから、出世する人は頑張ることができるのだ。

我慢が増え続けている不幸な上司を反面教師にして、自由気ままな肌艶のいい上司の思考パターンをインストールしよう。

12

雑用こそ、我慢しなくてもいい方法を考える。

あなたがまだ若手社員であれば、雑用をふられることも少なくないだろう。

雑用の我慢から逃れたいからといって、独立してはいけない。

独立して社長になったら、面倒な雑用から解放されるというのは考えが甘い。

独立したら、社長の最初の仕事はトイレ掃除と床拭きなのだ。

また、サラリーマン時代にあれだけうるさかった経理からの催促に深く感謝できる。

なぜなら、独立したら、経理処理を含めた雑用のすべてを自分でこなさなければならないからだ。

独立する場合もサラリーマン人生をまっとうする場合も、やらなければならない雑用からは、逃げるのではなく楽しんでしまうことだ。

雑用をそのまま雑にやると、これ以上つまらない仕事はない。

雑用をゲームとして楽しんでしまえばいいのだ。

雑用を楽しむためには、その雑用を上司や先輩やお客様にサプライズとして楽しんでもらうのがいい。

「お！　このお茶を入れてくれたのは誰だ？」

「この伝言メモはとてもわかりやすいな」

と誰か一人に気づいてもらえるように、ひと工夫するのだ。

仕掛けを用意するのは、ただ漫然と雑用をしていてはできない。

結果としてミスも減り、自分も楽しみが増える。

こうして雑用に苦痛を感じなくなった頃、あなたはもう雑用をさせてもらえなくなる。

13

断る理由をしつこく聞かれても、返事はしなくていい。

あなたが取引先や飛び込みのセールスから営業を受けたとしよう。

たいていは断ることが多いはずだ。

その際に相手も生活がかかっているから、断る理由をしつこく聞いてくる。

「断る理由をすべて潰して契約をとってこい」というマニュアルで教育をしている残念な会社も存在する。

断る理由をすべて潰された相手は、ますます目の前のセールスマンのことを嫌いになることにすら気づいていない会社なのだ。

たとえばメールで何か断った際に、更に断った理由を教えてもらいたいと執拗に返信を要求してくる相手もいる。

あなたが理由を述べたい場合は別だが、鬱陶《うっとう》しいと感じたら関わらなくていい。

こんなことで我慢をする必要はない。

メールが目障りなら即削除して、この世から消し去ってしまえばいい。

対面式のセールスの場合も同様で、理由を述べる必要はない。

「そういうしつこいところが嫌」

「今からおやつの時間なのでこれで失礼します」

「嫌だから、嫌だ」

と、内田《うちだ》百閒《ひゃっけん》のように短くストレートに伝えればいい。

理由を真面目に答えるほど、相手に時間を盗まれてしまう。

命の無駄遣いだ。

14

我慢に慣れるほうが、楽チンになる。

我慢の怖いところは、次第に我慢に慣れてしまうことだ。

エジプト文明の奴隷たちは、実は結構遣り甲斐を持っていた。

奴隷たちの目標は王様になることでも貴族になることでもない。

そんなおこがましいことを考える奴隷はいなかった。

なぜなら数も腕力も奴隷たちが圧倒的に上回っていたにもかかわらず、長い間奴隷制度は機能したからだ。

奴隷たちの生涯の目標は、奴隷のリーダーになることだった。

体中鞭で打たれてアザだらけになりながらも、王様や貴族になろうとは思わずにひたすら人に使われ続けることを選ぶ。

これは現代のサラリーマン社会と酷似していないだろうか。

これから1000年後の西暦3000年の歴史の教科書には、「エジプト文明も西暦2000年代も奴隷制度に変わりはなかった」と記載されるかもしれない。

我慢することが辛いと思っているうちはまだいい。

本当に深刻なのは我慢が我慢だと気づかなくなってしまうことだ。

我慢を我慢だと気づかなくなったら最後だ。

あなたの寿命をとことんしゃぶりつくされる。

我慢は麻薬と同じで、次第に中毒になっていくのだ。

我慢を我慢だと
気づかなくなったら最後。
寿命を
とことんしゃぶりつくされる。

15

嫌いな仕事で成功したら、死ぬまで嫌いな仕事が続く。

もしあなたが大嫌いな勉強に打ち込んで、見事難関試験に合格し、資格を手に入れたとしよう。

資格を手にしたら、その専門知識を使った仕事に就くことになる。

合格したらおしまいではなく、合格したところからがスタートになる。

合格というのは「スタートラインに立ってもいいですよ」という意味で、生活を保障するということではない。

つまり資格試験の合格というのは朝の準備体操のようなもので、これから本番がスタートするわけだ。

もしその資格試験の勉強が大嫌いなら、これから地獄の人生がスタートすることにお気づきだろうか。

スタートラインに立つところで心身ともにヘトヘトになっているようでは、この先の人生はやっていけるはずがない。

資格試験に限らず、すべての仕事にこれは当てはまる。

初歩や入門の段階で苦労している人が、プロとしてやっていくことは、自他ともに不幸な人生の始まりだ。

世間体を気にするあまり、我慢して大嫌いな仕事で成功しては大変だ。

間違って大嫌いな仕事で成功してしまったら、この先の人生は、ずっと大嫌いなことだけで埋め尽くされる。

16 ズバリ本音を口にしないと、相手をつけ上がらせる。

交渉事で格下の相手になめられてしまう人がいる。

頭がよくて仕事もできて優秀なのに、なぜか口下手なのだ。

もちろん長期的に見れば実力差が際立ってくるから、それほど心配する必要もないが、癪《しゃく》に障《さわ》るしストレスも溜まるだろう。

解決方法はズバリ本音を伝えることだ。

口下手な人に限って、頑張って一生懸命に話すから墓穴を掘ってしまう。

一生懸命に話す人は、当たり障りのない社交辞令や建前だらけの会話になる。

だから、実力はたいしたことのない格下相手に、揚げ足を取られて論破されてしまう。

揚げ足を取るのは無能でもできる。

というより、揚げ足を取るのは無能人間の専売特許なのだ。

揚げ足を取られないようにするには、質問に答える以外に何も言わないこと。

相手が揚げ足を取るための質問をしてきたら、ストレートに本音で答えるのだ。

本音というのはロジカルではなくエモーショナルだ。

エモーショナルとは「好き嫌い」のことだ。

好き嫌いというエモーショナルな話は、揚げ足を取る余地を与えない。

「嫌いなものは嫌い」

「嫌なものは嫌」

で格下を軽くノックアウトできる。

交渉事で格下の相手に
なめられないためには、
ズバリ本音で話すこと。
本音というのは、
ロジカルではなく
エモーショナルなものだ。

17
上司や先輩の企画潰しに屈服しない。

やる気のあるサラリーマンにおいて、上司や先輩に対するストレスは二通りある。

一つは企画を潰されるストレスだ。

もう一つは上司や先輩を飛び越えたことによって説教されるストレスだ。

どうせストレスがたまるのなら、自分はどちらを選ぶか、あらかじめ決めておくことだ。

正解も模範解答もない。

正解や模範解答は100%あなたが自分で決めていい。

多くのサラリーマンは、上司を飛び越えるようなことはせず、企画を潰されるストレスを選んでいる。

しかし、私はこれでは仕事がつまらないし、何のために生きているのかわからないと思った。

私の初めての本は、サラリーマン時代に出したものだ。

この時、後者の上司を飛び越えるストレスを選んだ。

予想外に売れて社内で話題になった頃、上司に呼び出されて散々嫌味を言われた。

「どうしてひと言相談してくれなかったんだ」

表情や声のトーン、セリフもすべて想像した通りで思わず笑ってしまった。

もし相談していたら、出版は数年遅れた挙げ句、結局実現しなかっただろう。

だが、あの時に上司を飛び越えることによるストレスを味わったからこそ、今の私がある。

何も無理してこちらのストレスを選ぶことはない。

ただ、今の上司がいる限り、一生企画潰しにあう覚悟はすることだ。

18

仕事の相性は能力ではなく、時間の感覚が一致するか否か。

一緒に仕事ができるか否かは、能力が決めると思っている人は多い。

確かに能力は大切な要素ではあるが、決定打ではない。

どんなに能力があっても、時間の感覚が一致しない相手とは仕事ができない。

能力があっても遅刻魔という人はたくさんいる。

遅刻魔の本人は、「少しくらいの遅刻が何だ」とまったく悪気がない。

ところが時間厳守の人にとっては、もうこれだけで一緒の空間で呼吸ができないくらいに受け付けない。

換言すれば、時間の感覚とは能力そのものなのだ。

たとえば、出版業界の人と仕事をしていて、いつも驚かされることがある。

こちらは約束の2ヶ月前に原稿を渡しているのに、メールでこう返事がある。

「じっくり読ませていただきます」

じっくり読んでもらうのはありがたいが、そうした人たちの共通の特徴が、2ヶ月ほどしてから「予定よりスケジュールが遅れる」というお詫びメールが届けられることだ。

いったいあの2ヶ月の時間のプレゼントは何だったのだろう。

もちろん、何もしておらず単に惰眠を貪っていただけなのだ。

自分より時間の感覚の遅い人に関わると、その遅い人に合わせる羽目になる。

時間泥棒とは二度と会わないことも、成功をつかむためには必要だ。

第3章

「時間」の我慢をやめる

19

人生から我慢した時間を引いた分が、本当のあなたの寿命。

人生に対する時間の優先順位で、あなたの人生の密度は決まる。

人生において、時間はダントツで大切なものだと気づこう。

お金でさえ、時間の価値に比べたら足元にも及ばない。

もしお金で時間が買えるのであれば、どんなに大金を払ってでも入手すべきだ。

生涯使い切れないお金を所有している大富豪が最後に望むのは、不老不死という時間なのだ。

時間というのは命の断片であることに気づくだろう。

どんなに偉い人でもどんなにお金持ちでも、1日は24時間しか与えられない。

1日24時間という意味では、ビル・ゲイツも歴代総理大臣もあなたの会社の社長もあなたもまったく同じだ。

ビル・ゲイツだからといって、1日に48時間与えられるわけではない。

実にありがたい話だろう。

そして忘れてはならないのは、あなたは時間とともに死に向かって進んでいるということだ。

毎分毎秒、あなたは確実に死に向かって進んでいる。

ふてくされたり、世間体を気にして我慢したりする時間はもったいない。

本当のあなたの寿命というのは、死んだ時の年齢ではない。

死んだ時の年齢から我慢した時間を差し引いた分が、あなたの「生きた時間」だ。

死んだ時の年齢から、
我慢した時間を差し引いた分が、
あなたの「生きた時間」だ。

20 無断で5分以上遅刻してきた相手は、会わなくてもいい。

遅刻することは誰だってあるだろう。

ごく一般の活動的な大人であれば、遅刻したことのない人はいないはずだ。

交通渋滞に巻き込まれたとか、悪天候の理由で飛行機が大幅に遅延したなど、予想できないこともある。

だが無断遅刻は断じて許されることではない。

どんな理由があっても、遅刻するとわかった瞬間メールするなり、電話するなりして事前に連絡できるからだ。

そう考えると30分や1時間の遅刻よりも、5分の遅刻をするほうが罪は重いことに気づかされるだろう。

30分や1時間の遅刻はやむを得ない理由であるのに対し、5分の遅刻は相手をなめ切っていた結果なのだ。

人は、本当に大切に思っている人と会うのに絶対無断遅刻はしない。

無断遅刻をするのは、あなたに敬意を払っていないという理由以外に答えがない。

スタート時点でそれだけたるんでいるということは、いざ仕事がスタートしたら、もっとたるんでいくということだ。

だから5分遅刻する相手とは、仕事が上手くいかない。

無断で5分以上遅刻した相手と絶縁するだけで、あなたの時間は倍増するはずだ。

21 人と会う際には、終わりの時刻をきっちり伝えておく。

目上の人に会ってもらう際には、必ず終了予定時刻を告知しておくことだ。

そして、予定時刻よりも5分早めに話を終わらせることだ。

これが最低限のルールだ。

仮に目上の人の年収が、あなたの年収の10倍だとしよう。

時給換算すれば、あなたは10倍以上の高価な時間を目上の人からいただいたことになる。

貧乏な人は、理屈では理解できたつもりになっても、実感として理解できない。

実感として理解するためには、自分がお金持ちになるしかない。

だが、お金持ちになるためには、時間の大切さを理解しておく必要がある。

時間の大切さを痛感した人しか、お金持ちになることはできないからだ。

時間の大切さを痛感するためには、集合時間を厳守するのと同じく終了時間も厳守することだ。

5分前にスタートして、どんなに遅くても5分前に切り上げる。

人生すべてにおいてこれを徹底していくと、「前倒し人生」を歩むことができるようになる。

「前倒し人生」を歩み始めると、精神衛生上よろしいだけでなく、不思議とお金持ちになる。


5分前に切り上げることによって、もう一度会いたいと思われる。

5分前に切り上げることによって、もう一度会いたいと思われる。

22

だらだら長い話は、体を張って終わらせる。

とっくに約束の時間が過ぎているのに、話をだらだらと続ける人がいる。
もちろん貧乏な人だ。
貧乏な人は、自分の時給が安いから、時間の大切さが理解できていない。
時間は無限だと思い込んでいる。
だから目上の人の時間も、平気で盗んでいく。
お金の泥棒は犯罪なのに、時間の泥棒は犯罪ではないのは不思議だ。
もしあなたが時間泥棒に遭遇したら、話の途中でお手洗いに行くふりをすればいい。
話をわざと途切れさせて、相手が気づくまで何度でもお手洗いに行くのだ。

どんなに鈍感な時間泥棒でも、途中で話の流れを忘れてしまうから、たいていは諦めてくれる。

我慢して話を聴き続ける苦行から、何回お手洗いに席を外せば相手は諦めてくれるかのゲームにしてしまうのだ。

お手洗いに立つタイミングは、話がひと区切りついた瞬間がいいのか、それとも話の途中で立ってしまったほうがいいのか。

あるいは席を立つ時間の幅を縮めていくのか、広げていくのか、一定間隔でいくのか。

時間泥棒撃退法を発掘できると思えば、いっさい退屈しなくてすむ。

23

少しでも不快に感じた空間からは、即飛び出す。

あなたが本気で幸せな人生を歩みたかったら、少しでも不快に感じた空間からは、すぐに飛び出してしまうことだ。

レストランでもカフェでもいい。

注文前の店員の対応に「?」だと直感したら、お手洗いに行くふりをしてそのまま店を出てしまえばいい。

こちらがわがままにならなければ、その店員は生涯気づかない。

このところ、そんな店は急増している。

たとえば、「広告のケーキはどれですか?」と聞くと、「こちらに載っていますす」と、メニューを閉じたまま手渡してきたりする。

これは、完全にゲームオーバーな行為だ。
コツは、我慢する時間をゼロにして即行動に移すことだ。
一度だけ試してみればいい。
即行動に移すことがこれほど快感なのだ、ということに驚くだろう。
我慢してグジグジ悩んでいると、あっという間に時間は過ぎ去っていく。
我慢して悩んでいても、環境は改善されない。
あなたが動くのだ。
自分が動けば、自分が人生の主人公であることを噛み締めることができる。

我慢して悩んでいても、
環境は改善されない。
自分が動く。

24

眠くなる仕事は、あなたに向いていないという遺伝子の合図。

人生で眠くなるのを我慢するのは、受験勉強で卒業すべきだ。

眠くなるというのは、自分の意識では制御できない。

これは、あなたの脳が無意識に合図を送ってくれているのだ。

どんな合図かというと、

「あなたは、そんなことをやるために生まれてきたのではありませんよ」

「あなたの遺伝子に背いていますよ」

という合図だ。

才能の無駄遣いをすると、本能がそれをストップさせようとして眠くなる。

だから、眠くなったら今やっていることは間違っているということだ。

仕事だから我慢しなきゃという人は、仕事の選び方が間違っているのだ。

あるいは仕事のやり方が間違っているのだ。

仕事を変えるか、やり方を変えるか、考え方を変えるか、自分が何かを変えていかなければ、遺伝子に背いた人生を送ることになる。

遺伝子を活かした人生とは、もう寝る時間なのにカーッと目が覚めてくることに没頭する人生だ。

カーッと目が覚めてくることに没頭すれば、あなたは飛躍的に成長できる。

眠くなるという合図は、あなたの人生の方向性を確認できる最高のリトマス紙なのだ。

25 「飲み会に参加しない」というブランドを、早く構築する。

会社では、アフター5の付き合いの悪いヤツになったほうが断然いい。

付き合いのいいヤツは、そろいもそろってうだつの上がらない人生を歩んでいる。

人は、会えば会うほどにブランドが低下していくからだ。

いつでもどこでも会えるような人間は、バーゲンセールのような存在だ。

格下に見られているから、ふだんどれだけマメに参加していても、体調不良や家庭の事情で二度続けて欠席すると、こう言われる始末だ。

「最近、アイツ付き合い悪いよな」

そうした安っぽい我慢人生を歩んでいくもいかないも、あなたが決めることだ。

「アイツはいつも飲み会に参加しない」

という確固たるブランドを構築しておくとどうだろう。

1年に1回か2年に1回、たまたま気分が乗って参加したら、えらく感謝されることになる。

でも、別に1年に1回も無理して参加する必要はない。

時間内に成果を出せなかった仕事は、残業してでも全力で仕上げるべきだが、アフター5はさっさと帰って読書や映画の時間に徹するほうが有益だ。

結果として一人の時間を持っている人間のほうが、話題も面白い。

仕事に活かせるアイデアも溢れてくる。

アフター5まで同僚と連日ねっとり交流しても、新しい発見はないことに気づこう。

いつでもどこでも
会えるような人間は、
バーゲンセールのような存在だ。

26

本命との時間を確保するために、他はすべてメールですませる。

時間を倍増させるコツは簡単だ。

一番大切な人と会う時間以外のすべてをカットすることだ。

多くの人たちは、これと逆のことをやらかしている。

本命と会う時間を犠牲にして、2番目～100番目と会うことに時間を割いているのだ。

だから不完全燃焼のまま、何のために生まれてきたのかわからずに、一生を終える。

あなたが生まれてきた理由は、本命と会って話す時間を確保するためだ。

それ以外に何に割く時間があるだろうか。

2番目〜100番目などはすべてメールですませばいい。

それで離れていく相手は、どんどん離れていってもらうべきだ。

究極的には、2番目〜100番目に割く時間をゼロに近づけていくのが、完成形だ。

整理整頓のコツと同じだ。

1番以外のすべてを捨てる覚悟を持つと、1番からはもちろん、2番以降からも愛される。

1番に絞れば絞るほどに、2番以降はこう思うからだ。

「あの人のオンリーワンじゃなくてもいいから、ナンバーワンになりたい！」

浮気しないほうが、モテるのだ。

27

締め切りの話は1回目の商談でハッキリさせる。

商談で仕事のできない人の特徴は、「いつまでに」というのがあやふやなことだ。

「いつまでに」というのがあやふやだと、夢が実現できないまま人生が終わる。

なぜなら人生は有限だからであり、時間は有限だからである。

「いつまでに」がない人の商談には、絶対に関わらないことだ。

怪しいと直感したら、「いつまでに」をあなたからはっきりさせること。

あやふやに返してきたら、絶縁すればいい。

その人は詐欺師だからだ。

詐欺師というのは、本人が気づいていない無意識の詐欺師が一番いけない。

「できれば近いうちに」

といった表現は、典型的な詐欺師の発言なのだ。

散々時間泥棒した挙句に、詐欺師はこう言うだろう。

「だから〝できれば〟と言ったじゃないですか！」

「だから〝近いうちに〟と言ったじゃないですか！」

なぜか逆ギレされる始末なのだ。

1回目の商談で「いつまでに」を、何時何分というふうに超具体的に決めることだ。

そうすれば無意識の詐欺師は一目散に去っていく。

時間の話を後回しにすればするほど、トラブルの可能性は大きくなる。

時間の話を
後回しにすればするほど、
トラブルの可能性は大きくなる。

第4章

「お金」の我慢をやめる

28

お金持ちになるのは、我慢しなくてもいい人生を獲得するため。

お金持ちになりたいという人は多い。

正直でいいと思う。

数多くのお金持ちに出逢ってきたが、お金があっても幸せになるとは限らない。

だけどお金がないから幸せになれたという人は、これまで一人もいなかった。

誰だってお金はないよりあったほうがいいに決まっているし、たくさん欲しい。

お金が欲しいと思ったら、漠然と「お金持ちになりたい」と考えるより、お金持ちになるとこうなるというイメージがあったほうが断然実現しやすい。

継続的にモチベーションもアップする。

お金持ちになるということは、我慢をしなくてもよくなるということだ。住む場所や本人の嗜好にもよるだろうが、サラリーマンも年収６００万円を超えたあたりから、少し余裕が出てくる。

余裕が出てくるから、今までより周囲に配慮できるようになる。

年収８００万円を超えると勝手に貯金もできるようになり、個人差はあるが上質な物を所有する人も増えてくる。

これが可処分所得で３０００万円を超えたあたりから、「お金がないから何かが手に入らない」という制約が激減し、心身ともに我慢から一気に解放される。

お金があれば、我慢のない圧倒的自由が獲得できるのだ。

29
早めに生涯賃金を稼ぎ終えると、もう我慢しなくていい。

生涯賃金を早めに稼ぐと思うと、何かとてつもなく難しいことのように感じるだろう。

もちろん年収2億円を稼げるようになるのは、誰にでもできることではない。

だが、40年かけて2億円稼ぐという発想から飛び出してみるのを、一度真剣に考えてみたほうがいい。

副業で稼ぐのか、転職して稼ぐのか、独立して稼ぐのかは自分の向き不向きで決めればいい。

だが40年かかるところを20年や30年で稼ぎ終えれば、サラリーマン生活に終止符を打てるようになる。

20年で生涯賃金を稼ぎ終えれば、20年の時間を獲得できる。

30年で生涯賃金を稼ぎ終えれば、10年の時間を獲得できる。

10年や20年の自由時間が獲得できるというのは、果てしなく大きい価値がある。


「生まれてきてよかった」

そう体中の細胞一つひとつで感謝を嚙み締めることができる。

自由時間の獲得というのは、我慢からの解放だ。

お金の究極の目的は、我慢からの解放なのだ。

39年で生涯賃金を稼ぎ終え、1年の自由を獲得するのも成功と私は考える。

お金の究極の目的は、
我慢からの解放なのだ。

30
躊躇することなく、タクシーに乗ってみる。

これから車の台数は急激に減っていくだろう。

単に人口減少だけが原因ではなく、環境への意識の流れが車を減らしていくはずだ。

あなたが無類の車好きだとか地方で車がないとやっていけない、というなら話は別だが、そうでないなら一度車を手放してみることも考えてみるといい。

車が必要な場合は、レンタカーやタクシーを利用していけばいいのだ。

「私にはタクシーに乗るようなお金はありません」

と声を荒らげる人がいるかもしれない。

とんでもない。

試しに5分でいいから計算してみよう。

車の購入費はもちろんのこと、税金・ガソリン・駐車場・車検・修理……維持費だけで驚くほど散財していることに気づかされる。

ショボい車を所有するより、タクシーを利用したほうが、断然お金もかからないのだ。

おまけに運転する必要もないから、精神衛生上も大変よろしい。

タクシー運転手と話が弾めば、車内は情報収集できる教室のようになる。

最近は運転手の接客マナーも向上しているから、ますますオススメだ。

31
感じの悪いタクシー運転手には、「今すぐ降ります」と別れを告げる。

タクシーはあらゆる面でオススメであると同時に、人生の主導権はあなたにあるという話をここでしておきたい。

最近若手を中心に増えているのは、お客様を軽く見ている店員だ。

大手チェーンの飲食店や家電量販店によく見られがちな傾向だったが、ここ最近は徐々にすべての業種や業界に広がってきている。

ゆとり教育の弊害による学力不足は私にとってはどうでもいいが、資本主義の根底に流れるよい部分を無視してはいけない。

資本主義の素晴らしいところは、「お金を払った側が偉い」という絶対的な価値観である。

だからお金を払ったお客様に対して不遜な対応をしている会社は、世の中から消滅していく運命にある。

しかもそのスピードが加速している。

お金というのは物質ではなく魂だ。

お客様の人生の蓄積の結晶を拝受していることに、気づくべきだ。

だから、感じの悪い接客を受けたら、即サービスを拒否してもらいたい。

「今すぐ降ります」「やっぱりやめておきます」「帰ります」

と言って降りるのが正しい。

お金を払う側が我慢しないことが、世の中をよくしていくきっかけになるのだ。

32
たくさんお金を払って、人口密度が低い空間で快適に過ごす。

人口密度が高い場所にいると貧乏になる。
これはあなたも薄々気づいているのではないだろうか。
人だけではなく、物も密度が高くなると急激に価値が下がっていく。
量販店やバーゲンセールを思い出してもらえばいい。
物が溢れ返っていると必然的に安物になるのだ。
反対に都会の一等地にある高級ブランドショップを思い出してもらいたい。
あれだけ土地の高い場所に店舗を構えているのに、商品が並んでいる間隔に
ゆとりがあって通路も広い。
言うまでもなく商品の値段は高いし、そこに足を運ぶ人たちもたくさんのお

金を運んでくる。

つまり密度の低い空間にはお金が集まってくるということなのだ。

あなたも豊かになりたかったら、お金を払ってでも積極的に密度の低い空間に身を置くことだ。

次第に密度の低い空間にふさわしい立ち居振る舞いになっていくから、自然と豊かになっていく。

何よりも密度の低い空間はストレスが溜まらなくて、我慢とは無縁なのがいい。

我慢すると貧しくなり、我慢から解放されると富む人生になるのだ。

密度の低い空間には、お金が集まってくる。

33

いつの時代も、もらっている人間が不平不満を言っている。

人間には二通りしかいない。

与えられながら不平不満を言い続けて一生を終えていく人間。

不平不満を言われながらも、与え続ける人間。

どちらのコースを選ぶかは、あなたが選んでいい。

前者はお金持ちには永遠になれないかもしれないが、いつも誰かと群がっていられる。

後者は孤高に輝きながら、たまに他の孤高に輝く人物との対話を楽しみ、優雅な人生を送ることができる。

もちろんサラリーマン社会もこれと同じだ。

与えられる側が「給料が安い」と文句を言う。

文句を言われながらも、経営者は給料を支払い続ける。

与えられることばかり考えている人間はいつまでも豊かにならないが、与えることばかり考えている人間は豊かになっていく。

これがシンプルな世の中のしくみなのだ。

もしあなたが豊かになりたかったら、与えられる側より与える側になることだ。

与える側になると文句を言わなくなる。

ここだけの話、与える側に徹すると、いずれ我慢しなくてもいい人生が待っている。

与えられることばかり
考えている人間は
いつまでも豊かにならないが、
与えることばかり
考えている人間は
豊かになっていく。

34
あなたに敬意を払わない人からは、いっさい買い物しない。

接客を受けていてこんなことを感じた経験はないだろうか。

「あれ？　何か自分はなめられているのではないかな」

こういう場合、相手は頑なに否定するだろうが、あなたの直感が正しい。

接客を受けている側が我慢をしたり気を遣ったりするのは、明らかに接客する側の責任だ。

どんなに敷居の高い店であろうと、これは例外ではない。

敷居が高くなるのに比例し、接客する側の店員のプライドだけが高くなっている店がある。

老舗は、歴史があって無限の接客ノウハウが蓄積されているからこそ価値があるのだ。

単に古くて汚い割に、やたら値段と店員のプライドが高いというのはいただけない。

買い物において敬意を感じない場合は、どんなお店であっても今後一切関わらないことだ。

お金を払った上に我慢まで強要されるのは、お金をドブに捨てて、そのドブの水が顔に跳ね返ったようなもの。

お金を損した以上に我慢を強要されるから、あなたまで表情が醜くなっていく。

まずは、二度と買い物をしないことによって、ストレスに関わらないことだ。

私が今いる南青山でも、そうした店は見事に閉店に追いやられている。

35 お金の話は1回目の商談ですませる。

あなたが我慢せずにビジネスで成功していきたいのであれば、お金の話は必ず最初の商談ですませてしまうことだ。

これでビジネスにおけるトラブルはほとんどなくなる。

ビジネスにとって、お金は循環させなければ死んでしまう血液のようなものなのに、後回しにしてどうするということだ。

1回目の商談でお金の話から逃げる人は仕事ができない。

逃げる理由は自信がないからだ。

自信がないからお金の話ができない。

それだけの話なのだ。

では、自信がついてからお金の話をすればいいのかというと、それは逆だ。最初にお金の話をしてハッキリと結論を出してもらえるから、成長できるのだ。

同じ金額でも後出しじゃんけんで提示されるより、1回目の商談で提示されたほうが仕事は遥かにスムーズに進む。

それだけ信頼関係を構築するということは大切なのだ。

お金の話を最初にするのはいやらしいと考えている人は、貧しくなっていく。

お金の話を最初にするといやらしいと考えているその発想が、実にいやらしい。

スタートしてから「実は予算がありません」と告白するのは、卑怯者のすることだ。

1回目の商談でお金の話から逃げる人は、仕事ができない。

36
忙しい人に巻き込まれると、いずれ貧乏になる。

あなたは忙しい人だろうか。

周囲の忙しい人を見てもらいたい。

いつも慌ただしくて忙しくしている人は、貧乏なはずだ。

忙しくていつもピリピリしている会社には、貧乏会社が多かった。

いつまでたっても社長が一番忙しい会社は、まもなく倒産するのだ。

反対に、周囲のゆったりとした時間を過ごしている人を見てもらいたい。

たいていお金持ちのはずだ。

社員の役職が上がれば上がるほど、優雅な雰囲気を醸し出している会社には、儲かっている会社がとても多かった。

だから社長が一番暇な会社は、業績がすこぶるいいのだ。

大切なことは、あなたが優雅になることだ。

ゆったりとした優雅な人生を歩むためには、いつも慌ただしくて忙しそうな人に関わらないことだ。

ありとあらゆる手段を駆使してでも、半径5メートル以内に身を置かないように環境作りをすることだ。

忙しい人や会社は、関わる人すべてに忙しさをまき散らして伝染させていく。

そして、関わった人たちのお金の循環を止めることになる。

我慢を強要する人からは、自ら距離を置く避難訓練も必要なのだ。

いつも慌ただしくて
忙しくしている人は、
たいてい貧乏だ。

第5章

「人脈」の我慢をやめる

37

「人脈を増やさなきゃ」という発想が、人を小粒化させる。

人脈を増やさなければ成功できないと信じている人は多い。

あなたの周囲を見渡してみよう。

現実にはどうだろう。

人脈が増えていくと、忙しくなって一見成功に近づいているように見えるかもしれない。

だが一歩踏み込んで長期的に観察してみると、必ず途中で息切れするのだ。

なぜなら、やたらに人脈を増やしていくと、人脈の質を低下せざるを得なくなるからである。

自分自身の実力を磨く時間を削ってあちこちで人に会っていると、次第に周囲から飽きられる。

誰も魅力がない相手と話をしたくないからだ。

だから、「レベルの低下していく自分」と会ってもらえる、よりレベルの低い人で妥協することになる。

サラリーマン社会でもこうした人は多い。

中年でもうずいぶんいい歳なのに、やたら人に会いたがるが、その人と会いたがる人はいない。

人脈を増やそうとするのではなく、まずは圧倒的な実力を磨いておくのだ。

圧倒的な実力を蓄えるには、一人の時間を確保する以外に方法はない。

38

好き嫌いのわかりやすい人になる。

「好き嫌いをしてはいけません」

そう学校では教わった。

ところが好き嫌いをしないように我慢した結果、あなたの人生はどうだろう。

正しい道を歩んでいるかもしれないが、幸せとは限らないはずだ。

なぜなら、好き嫌いというのは人間の本質的な感情であって、抑制するものではないからだ。

好き嫌いがあったからこそ、人類はここまで文明を開いてきた。

あらゆる科学技術の発展も、大都市に乱立する建築物も、すべては好き嫌いの賜物《たまもの》である。

だからあなたは、もっと好き嫌いをハッキリさせていい。

とはいっても無用の争いは避けるべきだ。

故意に敵を作らないようにするためには、嫌いなものに対しては無関心を装うのがいい。

無関心を装っておけば、嫌いなことに巻き込まれないから我慢の必要もない。

その代わり好きな物に対しては、躊躇《ちゅうちょ》せず感情を剝《む》き出しにするのだ。

そうすれば、周囲にもあなたの望んでいるものが伝わりやすい。

嫌いなものに対して無関心でいれば、必要以上に敵を作らず、周囲は応援してくれるようになる。

39

小粒人間に限って、葬式の参列者の数を心配する。

自分の葬式の参列者が少なかったらどうしようと心配する小粒人間は多い。

最初これを耳にした時は、自分の聞き間違いかと耳を疑ったが、どうやら本気中の本気のようで驚愕《きょうがく》した。

いったいどこまで小粒人間は図々しくなれば気がすむのかと呆れ返った。

葬式なんてすべて密葬で十分だ。

偉大な経営者や歴史に名を残すような偉人でも、密葬で簡単にすませている人は多い。

これこそ粋だ。

葬式に限らず、結婚式も同じだ。

小粒人間はただでさえ活躍の場がないから、せめて結婚式くらいは芸能人なみに派手にやってみたいと憧れる。

ところが圧倒的多数の、お情けや付き合いで無理やり招待された参加者にとっては、いい迷惑なのだ。

参加者を増やそうとすれば、必然的に関係の薄い人にも声をかけることになる。

その周囲には、さらに「あの人は呼んだのに、私には声がかからなかった」と怒る人が続出する。

これで小粒人間の少ない人脈がますます途切れていくのだ。

40

一晩寝ても感じ悪さが残る人とは、もう会わなくていい。

あなたの周囲に感じの悪い人がいるだろう。

人間関係において感じの悪い人をどうかわしていくかというのは、大切な処世術の一つだ。

そもそも、あなたが感じが悪いと思った相手にとっても、同様にあなたは感じの悪い人かもしれない。

お互いに感じの悪い人同士で我慢し合っても意味がない。

そんなのは互いの寿命の無駄遣いだ。

感じの悪い人と会った後には、とりあえず一晩寝てから翌朝の気分で決めることだ。

一晩寝ると興奮状態も落ち着いて、記憶が整理されて客観的な視点を持つことができる。

「それほど嫌な感じではないな。考え過ぎだな」

と思えるようなら、後日気が向いた際にもう一度会ってみればいい。

「やっぱり合わないな」

と思ったらもう会わなくていい。

一晩寝た後の直感は、たいてい正しいことが多いからだ。

急いで結論を出すのではなく、一晩寝てから決めるというのはとても有効だ。

一晩寝た後の直感は、
たいてい正しい。

41 「以前、一度名刺交換しましたけど」は、挨拶としては最低。

偉い人との人脈を継続できるか否かの大切な注意点がある。

偉い人に会った事実は、あなたにとっては鮮明に記憶に残っているかもしれないが、偉い人にとってあなたはその他大勢の一人に過ぎない。

以前名刺交換したことをあなたは憶えていても、偉い人は覚えていない。

覚えてもらっていないのが当然という前提で、偉い人と会わなければならない。

最悪なのは、数年前にどこかのパーティーで名刺交換しただけなのに、偉い人に会ったらこう言ってしまう人だ。

「以前、一度名刺交換しましたけど」

いきなり偉い人に謝らせてしまうのだ。

挨拶として、また社会人のマナーとして最低レベルである。

偉い人は謝罪してくれるだろうが、要注意人物だと思われ、名刺は即ゴミ箱行きになる。

偉い人と名刺交換する場合は、何回でも何十回でも名刺を渡すことだ。

憶えている場合は、偉い人から必ず気づいてくれる。

気づいてくれたら、必ず自分からフルネームを名乗る癖をつけておくことだ。

「憶えていただいてありがとうございます。千田琢哉です」

ここから会話は始まるのだ。

42 下種の勘繰りをしてくる相手とは、二度と会わない。

人の嫌がることをねちっこく聞いてくる人がいる。

「下種《げす》の勘繰り」というやつだ。

同性にも異性にもまるでモテない、いやらしいタイプだ。

自分より不幸な部分を相手から探し出すことで、一時的に自分の不幸を直視することから逃避するのだ。

自分が満たされていないから、相手の欠点を見つけ出して、満足感を味わおうとする。

相手から引き出したい情報は、相手が「いかに不幸なのか」を確認するための、相手にとっては不快な情報だけなのだ。

だから、より嫌われる。

こういう人は、あらゆる情報を不幸に仕立てあげて、周囲に吹聴するから要注意だ。

こんな人に関わっては、人生が不幸のスパイラルに巻き込まれてしまう。

巻き込まれないためには、表面上の会話だけに留めるに限る。

相手はねちっこく深掘りしてくるから、それに砂をかぶせて塞いでしまえばいい。

どんな質問を受けてもこう答えることだ。

「忘れました」

「興味ありません」

相手はつまらないヤツだと去って行くだろうし、あなたも二度と会わなくてすむ。

我慢する必要もなくなる。

43
お願いしない。お願いされない。

人脈の広い人というのは、一度出逢った人と長続きする人だ。

出逢った人すべてと長続きするのではなく、ちゃんとした一人と長続きする。

人脈の狭い人というのは、いつも新規開拓ばかりしている人だ。

どんどん人脈が途切れていくから、ザルで水をすくっているようにいつも新規開拓ばかりしている。

新規開拓ばかりしている人の特徴は、やたらお願いごとが多いということだ。

お願いごとというのは、借金と同じだ。

お金を借りるのはダメだと理解できても、お願いごとはダメだと理解できない人は少なくない。

お願いごとをするということは、時間の借金をするということだ。

相手は、お願いごとさえなければ平和な日常を過ごすことができたのに、そこに土足で入り込んで平和なひと時を中断させてしまう。

お願いごとばかりしている人は、自分が時間の借金をしていることに気づくことだ。

本当の人脈は、お願いごとをしたりされたりしながらギブ・アンド・テイクで成り立っていくのではない。

黙っていてもお互いに相手に何かしてあげたくなる関係が、本物の人脈だ。

ギブ・アンド・テイクを強要してくる人は、最後にギブだけを強要してくるから要注意だ。

お願いごとをするということは、時間の借金をするということ。

44

年賀状の枚数を減らしていく。

毎年年末になると憂鬱《ゆううつ》になる人は多いだろう。

年賀状を書かなければならないからだ。

小粒人間にとって、年賀状の枚数はアイデンティティの一つだ。

だから、どんなに仕事で疲れていても、孤独を直視したくないから苦行を続ける。

毎年年賀状の枚数が減っていくのには堪えられないのだ。

もちろんそんな我慢は無意味だ。

年賀状の枚数に関係なく、所詮小粒人間は小粒人間に過ぎない。

年賀状の苦行から脱出するためには、顔と名前が一致しない人には年賀状を出さないことだ。

ぼんやりとしか顔がイメージできない人にも出さない。

ぼんやりとしか名前に覚えがない人にも出さない。

さらに、こちらは覚えていないにもかかわらず送ってきた相手には返さない。

たったこれだけであなたの年賀状の数は楽々半減させることができる。

ショックを受けるかもしれないが、人によってはほとんどなくなってしまうこともある。

無駄をすべてカットしたら、浮いた時間と労力で、大切な年賀状に手書きでメッセージを入れるのだ。

好きな相手に年賀状を書くのは楽しいし、我慢の必要もない。

結果としてあなたの本物の人脈が浮き彫りになってくるのだ。

45

最初に誤解された人間が、最後に一番愛される。

自分は誤解されやすいと悩んでいる人がいる。

実は程度の差はあるが、人は全員心のどこかで自分が誤解されやすいと思い込んでいる。

だから、誤解されたのはあなただけの悩みごとではないと気づくべきだ。

すべての人は、自己の過大評価と他者の過小評価で生きている。

可能な限り自分を格上に見せようと努力すると同時に、可能な限り目の前の人を格下に見ようと涙ぐましい努力をする。

ここは一つステップアップした視点を持とうではないか。

どうせ誤解されるのであれば、その誤解を正面から受容することだ。

誤解されるのが当たり前であって、誤解がゼロになることはありえない。
多かれ少なかれ自分も相手を誤解しているのだから、これはお互い様だ。
誤解されて当たり前という姿勢で臨むと、時間の経過とともにこう思われる。
「第一印象と違って、意外にいいヤツだな」
第一印象は、ボーダーライン越えを狙っておけば、低ければ低いほどいい。
後から挽回《ばんかい》するチャンスがあるからだ。
変に言い訳したり取り繕ったりすると、より小粒人間の印象を与えてしまう。
最後に愛される人は、誤解を恐れない人なのだ。

第一印象は、
ボーダーライン越えを目指す。

第6章

「恋愛」の我慢をやめる

46

恋愛は、顔で決める。

男も女も顔で決まる。

もちろん美男美女であるか否かも対象になるだろう。

しかし、それを遥かに超える要素として、表情が決定打になると私は思う。

美人で暗い表情だと、評価は一気に最低ランクになる。

無愛想でツンとした美人ほど不快になるものはない。

その証拠にテレビでは一気に好感度がガタ落ちになる。

美人であるがゆえに周囲は美しい表情を期待するから、裏切られた時のショックははかり知れないのである。


恋愛では、相手の表情を見て元気になるか否かが大切だ。

「お！　この笑顔のためにもうひと踏ん張りしよう」

「あの爽やかな顔を見たら、いつも疲れがふっ飛ぶのよね」

と心底思える相手がベストパートナーである。

それに、成人すれば必ずその人の生きざまは表情に露呈する。

ずるい人はずるい表情になり、健全な人は健全な表情になる。

だから躊躇することなく恋愛は100％顔で決めていいのだ。

人を見かけで判断してはいけないと学校で教わったのは、見かけで判断するとあまりにも当たり過ぎてしまうからなのだ。

47

あなたの周囲にいる異性は、あなたの鏡。

「うちの会社にはカッコいい人がいない」

「うちの学校にはかわいい子がいない」

といった愚痴はいたるところで繰り広げられている。

愚痴っている本人の顔を見ると、思わず吹き出してしまう。

「うちの会社には……」と言いながら、実は自分のことを言っているのだ。

いつもあなたの周囲にいる人は、あなたの鏡である。

あなたの周囲に集まっている異性も、例外なくあなたの鏡である。

「うちの会社にはエリートがいないし……」と愚痴っている人は、何よりもまず自分がエリートじゃないことに気づくべきなのだ。

「うちの学校は冴えない人ばかりだし……」と愚痴っている人は、自分が冴えない人の代表であることに気づくべきだ。

周囲が自分の鏡であることに気づいたら、解決する方法は二つある。

一つはまず自分が圧倒的な存在になって周囲を変えていくことである。

それが難しいということであれば、もう一つの方法は、今の場所を飛び出すことだ。

朱に交われば赤くなるように、イケてない人に囲まれていると必ずイケてない人になっていく。

我慢して愚痴るのではなく、愚痴らなくてもいい場所に自分が移動することだ。

いつもあなたの周囲にいる人は、
あなたの鏡である。

48 尊敬がベースになければ、偽物の恋愛。

恋愛が長続きしないという人がいる。

恋愛に限らず友情もそうだが、二人の関係の根底に尊敬がなければ継続できない。

継続するというのは、ベースに尊敬の念があるということなのだ。

ベースに尊敬のない恋愛はなあなあの関係のまま、お互いが下げ合っていくだけの、退屈極まりない恋愛だ。

相手を尊敬しているか否かの簡単なチェック方法がある。

それは相手が自分の自慢話をしたがるか否かだ。

お互いに尊敬し合っているパートナーは、相手に尊敬してもらっているとい

う強い絆があるから、わざわざ自慢する必要がない。

男女ともに「自分はこんなにすごい」ということをやたら主張する人は、認めてくれる人が周囲にいないからに他ならない。

だから会社でやたら自慢話ばかりしたがる上司は、パートナーからちゃんと尊敬されていないということなのだ。

他人を笑っている場合ではない。

あなたは、パートナーのことを尊敬しているだろうか。

あるいは、パートナーから尊敬されているだろうか。

努力して尊敬する相手ではなく、ついつい尊敬してしまう相手をパートナーにしよう。

49

「嫌いじゃないこと」と、「好き」なことはまったく違う。

好きだから付き合っていると思ったら、実はそうではないというカップルは多い。

仲間同士でワイワイ集団デートしている過程で、別に嫌いじゃないからと交際を始めてしまうカップルが20代を中心に増えている。

交際してもう半年以上経っているのに、お互いに彼氏・彼女という意識がないと真顔で告白する人も実際に複数人いた。

これも時代の流れといえばそれまでだが、その結果、結婚したいのに結婚できない人生になったら不幸ではないだろうか。

嫌いじゃない相手とダラダラ付き合っていると、あっという間に10年が過ぎる。

それでアラサーやアラフォーになってから、慌てて婚活をし始める人は多いのだ。

大切なことは、「嫌いじゃない」ということと「好き」なことは、まったく別のものだということだ。

似ていないのはもちろんのこと、そこには接点すらない。

そして世の中には嫌いじゃない人がウジャウジャいる。

ウジャウジャいる嫌いじゃない人と付き合う時間をできる限りカットして、そのぶん、本命をゲットする時間を増やすことが大切なのだ。

嫌いじゃない人とウジャウジャ群がっている間に、本命の人とは通りすがりの関係で終わってしまう。

嫌いじゃないからといって我慢して好きなふりをするのは、もうやめにしよう。

「嫌いじゃない」と「好き」はまったく別のもの。

50 不倫しないのと、不倫できないのとではまったく違う。

「私は不倫などしたことがありません」

「不倫なんて絶対にいけないと思います」

と声を荒らげる人がいる。

別にこちらから話題をふったわけでもないのに、自分からわざわざ不倫の話題をふってくるということは、それだけ興味津々なのだろう。

これは不倫に限らない。

人は強烈に興味があるものに対して、頭から否定しようとする。

ここは一つ、不倫の是非といった道徳論ではなく、不倫をしないことと、不倫をできないことの違いについて述べたいと思う。

当たり前だが不倫というのは相手か自分、あるいはその両方に家庭があることが前提だ。

つまり相手や自分に家庭があるにもかかわらず、そのリスクを乗り越えても愛し合いたいというのが不倫なのだ。

一生子どもを産めないかもしれないし、結婚できないかもしれない。少なくとも、相手から相当惚れられていなければならないことがわかるだろう。

不倫はモテなければ絶対にできないことに気づかされるはずだ。

「不倫はいけない」と叫んでいる人たちの多くは、そもそも不倫したくてもできないのだ。

何事も悪い解釈をして我慢するのではなく、よい解釈をしてみようではないか。

51

結婚と引き換えに、醜いオジサンやオバサンにならない。

結婚した途端、醜いオジサンやオバサンに落ちぶれてしまう人がいる。

街を歩いていても、不思議でたまらない光景に遭遇する。

「よくこんな女性が結婚して子どもを産めたものだな」

「よくこんな男性が家庭を持てたものだな」

だらしない格好をしながら、人目も憚《はばか》らずに大声で子どもに怒鳴り散らしている姿を、あなたも一度ならず見かけたことがあるだろう。

本人たちは周囲に迷惑だとは微塵《みじん》も思っていない。

それどころか、無意識にもこの世の中は自分たちのためだけに存在するとまで思っているような無神経さだ。

今ならゾッとできるあなたも、もし結婚したらそうなってしまう可能性が高い。

結婚と引き換えに落ちぶれてしまう人たちは、結婚そのものが人生のゴールインだったのだ。

結婚というのは人生を豊かにするための通過点に過ぎないのに、それをゴールと勘違いしてしまったのだ。

仮にゴールだとしても、そのゴールは次のスタートと解釈できず、ゴールを終着駅だと解釈した人は醜い。

ゴールすれば終わりだと考えて今まで我慢の人生を送ってきた人は、ここで息切れしてしまうのだ。

ゴールを次のスタートだと考えた人は、我慢とは無縁の楽しい人生を送れる。

52

モテないからといって、モテない同士で群がらない。

仮に今あなたはモテないとしよう。

モテるようになるためのファーストステップは、まず自分がモテないという事実を正面から受容することだ。

すべてはここから始まる。

20代半ばまでに異性からアプローチされたことのない人は、間違いなく自分はモテないと考えていい。

モテない理由が容姿なのか、性格なのかは自分で気づくしかないが、モテない人には必ずモテない理由がある。

その証拠に、モテない人の人脈は、そっくりそのままモテない人で構成されている。

モテない人脈に埋没している限り、永遠にモテるようにはならない。

なぜなら同じ空間で同じ空気を吸っている間に、ありとあらゆる要素がモテない人の条件として整えられていくのだ。

全身がモテない細胞になっていくイメージだ。

モテない人ほど、群がってはいけない。

ただでさえモテないのに、群がることによって完璧にモテない人生が完成される。

モテない集団と我慢して群がる人生にサヨナラしよう。

群れから飛び出して力をつければ、最初は一人でも必ず新しい出逢いがある。

モテるようになるための
ファーストステップは、
自分がモテないという事実を
正面から受容することだ。

53
満たされている人は、カップルがイチャついていても気にならない。

電車内や駅構内でイチャついているカップルがいる。

それを見るとしかめ面をして許せないと非難する人は少なくない。

確かに人前でイチャつくのはマナー違反だし、間違っても読者のあなたにはしてもらいたくない。

だが、それに過剰に反応するのは、そのマナー違反に巻き込まれている証拠だ。

人は自分に欠けているものが異常に気になる習性がある。

つまり自分が満たされていないものを手にしている人に直面した時、強烈な嫉妬心が芽生えて、「非難」という形で表現してしまうのだ。

イライラすることを我慢する必要はない。

我慢するだけでは何の解決にもならない。

イチャついているカップルに過剰反応するということは、カップルにイライラしているのではなく、イチャつける相手がいない自分にイライラしていると
まず気づくことだ。

イチャつける相手がいた場合を仮定してみよう。

そうすると、イチャついているカップルにも同情してあげる余裕が持てる。

そんな場所でイチャつかなければならないということは、お金がないということだ。

そんな場所でイチャつかなければならないということは、まだそこまで親しくないということだ。

満たされている人は、他人を許せる人なのだ。

人を「非難」したくなったら、自分の欲しいものが何か考える。

54

2番目といける天国より、本命と落ちる地獄のほうが幸せだ。

究極の愛というのは、その相手と一緒に地獄の超特急に乗れるということだ。地獄の超特急に乗る際に、こんなことが頭をよぎったら、それは本物の愛情ではない。

「やっぱり、ちょっと考えたい」

「リスクはどれくらいだろう？」

幸せになりたいなら、2番目に好きな人と模範解答のような正しい人生を送って天国に行くよりも、本命と間違った人生を送って地獄に落ちるほうを選ぶことだ。

死んでからの、実在するかどうかわからない天国に賭けるよりも、まずは現実として生きている間に天国を味わいたくないだろうか。

正しい人生を送った挙げ句、死に際にこんなセリフだけは言いたくない。

「ああ、本当は間違ったことをたくさんやってみたかった。無念……」

我慢を重ねてひたすら正しい人生を送ったのに、もし死んでから天国も地獄もなかったとしたら、泣くに泣けない。

そんな人生よりは、死に際にはニッコリ笑いながらこんなセリフを残したい。

「こんなに好き勝手にやらせてもらったから、地獄に落ちて当たり前。悔いはない」

実は天国と地獄なんてわざわざ死ななくても、生きている間に存在しているではないか。

天国と地獄は、
生きている間に存在している。

第7章

「家庭」の我慢をやめる

55

結婚して初めて自分の時間の大切さを痛感する。

「結婚したほうがいいのでしょうか」

と言う人がいる。

結婚したほうがいいから結婚するのではなく、我慢できずに結婚するのが本当の結婚だ。

仕方なく結婚したら、仕方なく我慢し続ける人生が死ぬまで続く。

それだけの話だ。

どうしても我慢できないほどに結婚したくなったら、迷わず結婚すればいい。

結婚すると、強烈に勉強になることが一つある。

それは「自分の時間の大切さ」を痛感できるということだ。

傍からは、どんなに愛情に満ちた、何不自由ない家庭生活を送っているように見えても、すべての人が自分の時間が激減することで悩む。

時間がこれほどまでに貴重なものだったのかと気づかされる。

これだけでも結婚する意味がある。

結婚せずに独身のままでいたら、永遠に時間の大切さは理解できない。

一度結婚して離婚した人が、猛烈にオーラを発していい女やいい男になっていくのは、残された時間を完全燃焼しようと心底思えるからだ。

もしも結婚して自分の時間を確保できなくなったら、あなたの成長は止まる。

自分の時間を
確保できなくなったら、
成長は止まる。

56 睡眠時間を誰にも妨げられない人生が、極上の人生。

ジャン・ギャバンとフランソワーズ・アルヌール共演のフランス映画『ヘッドライト』の中で大好きなシーンがある。

長距離トラックの運転手である主人公の相棒が徹夜明けにそのままトラックの中で眠ってしまう際に、こんなひと言を漏らすシーンだ。

「俺が結婚しないのは、誰にも睡眠を妨げられたくないからだ」

妙に痺れて、何度この映画のこのシーンを繰り返し観たかわからない。

私も学生時代から睡眠時間には貪欲だった。

睡眠に対する貪欲さは常軌を逸していたと思う。

中学時代は部活動で強制的に朝練があったから、朝5時半起きということもザラで、いつもピリピリしていた。
その反動で高校時代は暇さえあればとにかく熟睡していた。
睡眠に飢えていた分、とにかく眠いと思った瞬間にいつでもどこでも熟睡した。
まるで人気アニメ『ドラえもん』に登場するのび太のようだった。
もう睡眠時間を誰にも妨げられたくないと思い、それが今の人生のベースになった。
十分な睡眠を確保しなければ、人生すべてが台無しだと確信している。
熟睡しなければ、どんな幸せも存分に味わうことができないのだ。

57

子どもが成人したら離婚するという美学。

成功者の中には離婚を経験している人が多い。

つい最近知った同業の文筆家や経営者の中にも、こんな哲学を持っている人が複数いた。

「子どもが成人したら離婚するというのが結婚時からの約束でした」

素晴らしい美学だと思った。

日本もアメリカを笑えなくなるくらいに、離婚率が高まってきた。

これは、結婚という制度が古くなったということに誰もが薄々気づいているからだ。

もともと生物学的にも現代の結婚制度には無理があるのはもちろん、社会の変化にもマッチしていない。

子どもが成人したら離婚しようというのは、21世紀後半の価値観として主流になるだろう。

子どもが成人するまでの間というのは、結婚してから20年~30年経った頃。心の底では最初の結婚が失敗だと思っても、我慢している人はとても多い。ぶくぶく太ったオバサンも、離婚しても財産は折半にはならないという法改正があれば、きっと心身ともに引き締まるはずだ。

40代や50代から本当の恋愛をする時代はすぐそこだ。

58
家庭のせいにして、夢を諦めたところでご臨終。

「結婚してなかったらすぐにでも転職したい」

「独立したいけど子どもが来年大学生になるから……」

あなたの周囲にこうやって家庭のせいにして夢を諦める人は多いだろう。

本当は転職なんてする気がないのに、ちょっと言ってみたかっただけなのだ。

本当は独立する気なんて毛頭ないのに、ちょっと強がってみたかっただけなのだ。

家庭のせいにして夢を諦めたところで、あなたはご臨終だ。

幸せになるための家庭なのに、どうして夢を諦めるための家庭になるのか。

夢を諦める口実に利用された家族は迷惑な話だ。

そういう人は、死に際にもこう愚痴るのだろうか。

「結婚してなかったら転職できたのになぁ……」

「子どもがいなかったら独立していたのになぁ……」

そんな人生は果たして楽しいだろうか。

自分の人生を生きたと言えるだろうか。

どうせならこう言ってもらいたいものだ。

「怖くて転職できませんでした」

「勇気がなくて独立できませんでした」

どうせなら、家庭のためにすべてを犠牲にするという、筋金入りの夢があってもいい。

夢を諦める口実に家族を利用しない。

59

我慢しない人生を歩むことが、最高の教育。

子どもの教育として一番大切なことは、いい会社に入るためにいい学校に合格させることではない。

最高の教育は、あなたが我慢しない人生を歩んでいる背中を見せることだ。

放っておいても子どもはこう思うに違いない。

「自分も早く大人になって大好きなことをやりたい！」

反対に、我慢に我慢を重ねる人生を送っていたら、子どもはこう思うに違いない。

「大人になりたくないな」

これが最近ニートが急増している理由だ。

ニートがニートでいられる理由は、ニートでいても何も困らないからだ。

まるで体の大きな幼稚園児のような生活をしていても許されるのは、親がそれを許しているからだが、実はそれ以上に自分だけは我慢の人生で幕を閉じるような大人になりたくないと、強烈に思わせてしまったからだ。

どんなに教育費にお金をかけたとしても、成人式を迎えた後の子どもの姿こそがあなたの教育の成果なのだ。

そこに言い訳はいらない。

あなたが我慢せずに自由に生きていると、子どもも幸せになれる。

最高の教育は、
あなたが我慢しない人生を
歩んでいる背中を見せること。

60 あなたが好きに生きていれば、口うるさい両親も許せる。

「同居していると親子喧嘩ばかりで嫌になります」

という愚痴を言う人が多い。

にもかかわらず同居しているということは、経済的に助かっていたり子どもの面倒を見てもらえたりと、何かしらメリットがあるのだろう。

愚痴というのは、相手に依存しているからこそ言うわけだから。

つまり親子喧嘩が絶えないということは、あなたが親に依存しているのが原因だとまず気づくことだ。

親子で一緒に暮らす限り、親にとってあなたは永遠に子どもだ。

本質的には、中高生の頃と何ら変わりない目線であなたを見ている。

親にとって、あなたが大人になってしまったと判断する瞬間がある。

あなたと喧嘩ができなくなってしまった時だ。

あなたが親を超えた瞬間に、喧嘩は成立しなくなる。

親が口うるさく絡んでくるのは、子どもとコミュニケーションをとりたいからなのだ。

それに対して、あなたが親をまるで子どもでも見るかのように親切に対応すると、親とはもう喧嘩にならない。

あなたが好きに生きていれば、親を許せる。

あなたが我慢していれば、親子喧嘩が絶えなくなる。

61

親を長生きさせたかったら、いつも適度に心配をかけておくこと。

あなたが親に少しでも長生きしてもらいたいと思うなら、申し分のない優等生になってはいけない。

冗談ではなく親は早死にしてしまうだろう。

「もうこの子には私たちは必要ない。こんなに立派に育ったのだから」と言い残して。

人は役割を終えた途端、不思議にまもなく亡くなっていくものだ。

まだ役割を終えていないと思わせるためには、方法は一つしかない。

常に適度な心配事を抱えさせ続けておくことだ。

家庭が上手くいっていないとか、また転職して給料が下がったというのは、両親が長生きするための最高のネタだ。

あまり大きな声では言えないが、このままいくと私の両親もかなり長生きするはずだ。

物心ついた頃から常に継続的に一定以上の心配事を抱えさせてきたからだ。たまにかかってくる電話でも、どこかで心配させてもらえる材料を探しているのがひしひしと伝わってくる。

こちらも期待に応えなければと、故意に心配になるような情報を提供する。口ではいろいろ言っても、声の張りがよくなってくるのが耳から伝わってくる。

62 あなたがモテれば、パートナーは浮気しない。

パートナーが浮気しないようにと、内緒で携帯のチェックをする人がいる。
本当に出社しているかどうかを確認するために、会社に電話をかけてしまう人もいる。
なかには探偵事務所に依頼して、浮気調査をしてしまう人までいる。
涙ぐましい努力は認めるが、これらはもちろん本質的な解決にはならない。
お互いに人生が泥沼化していくだけの話だ。
経験者なら誰でもわかるが、浮気は邪魔されればされるほどに燃え上がる。
パートナーの浮気の解決方法は一つだ。
あなたがモテるようになればいい。

モテるようになった上で、相手の浮気には徹底して無関心のふりをする。

パートナーがモテるのに浮気しないと、これは浮気している相手にとって脅威だ。

半年計画で真剣にお洒落の勉強やダイエットをして、パートナーと出かけた際に通行人に振り返られるくらいの小奇麗さを目指したい。

浮気症のパートナーは、その瞬間を決して見逃さない。

あなたが絶対にモテなくて浮気できないと安心し切っているから、相手は平気で浮気するのだ。

もちろんそこまでする価値のないと判断した相手とは、さっさと別れよう。

パートナーの浮気の解決方法は、あなたがモテるようになること。

63
家庭が我慢の場になったら、すでに崩壊していることに気づく。

家庭というのは最高の癒しの空間でなければならない。

家庭にいたらストレスが溜まるというのでは、その家庭はすでに崩壊している。

ストレスが溜まるような我慢をしてはいけない。

ストレスが溜まらない状態が、家庭のあり方なのだ。

職場で家庭の愚痴を言っている人を見てみよう。

職場でもストレスが溜まっているはずだ。

職場でもストレスが溜まり、家庭でもストレスが溜まり、人生すべてがストレスで埋め尽くされている。

笑いごとではなくこうしたサラリーマンはとても多い。

人生最悪の不幸というのは、ストレスをストレスと感じなくなってしまった状態だ。

体がストレスに耐久できる範囲の限界に達すると、防衛本能で脳を麻痺させる。

しかし、脳が麻痺した状態では仕事ができない。

仕事ができないと出世できずに給料も下がって、家庭もギクシャクしてくる。

人生すべてが負のスパイラルに巻き込まれていく。

突然ポックリ逝くタイプに、こうした人が多い。

究極の安らぎの場であるはずの家庭が、あなたの我慢の場になっていることほど命の無駄遣いはない。

エピローグ

嫌なことを我慢するのは命の無駄遣いだ

思い切って我慢をやめた時、拍子抜けした。
なんだ、全然たいしたことないじゃないか。
どうしてもっと早くこっちの世界に足を踏み入れなかったのだろう。

でも次の瞬間、よく考えたら自分はなんてラッキーなのだろうと感謝できた。
世の中は、この喜びを知らないまま人生を終える人たちが大半だからだ。

確かに我慢をやめるのにはリスクが伴うかもしれない。
でも我慢をやめる幸せを知らないまま死んでいくリスクのほうが、遥かに大きい。

好きな人や好きなことのために我慢するなら、まだいい。
でも嫌いな人や嫌いなことのために我慢するのは命の無駄遣いだ。
嫌いな人や嫌いなことのために我慢していた時間は、死んでいたのと同じだ。

ここだけの話、我慢をやめてもリスクなんて何もなかった。
今、我慢とは無縁の、毎日が夏休みのような人生を送っている。
もう一度生まれ変わっても、この人生を迷わず選びたい。

千田琢哉著作リスト（2016年10月現在）

◎アイバス出版

『一生トップで駆け抜けつづけるために20代で身につけたい勉強の技法』
『一生イノベーションを起こしつづけるビジネスパーソンになるために20代で身につけたい読書の技法』
『1日に10冊の本を読み3日で1冊の本を書く ボクのインプット&アウトプット法』
『お金の9割は意欲とセンスだ』

◎あさ出版

『この悲惨な世の中でくじけないために20代で大切にしたい80のこと』
『30代で逆転する人、失速する人』
『君にはもうそんなことをしている時間は残されていない』
『あの人と一緒にいられる時間はもうそんなに長くない』
『印税で1億円稼ぐ』
『年収1000万円に届く人、届かない人、超える人』
『いつだってマンガが人生の教科書だった』

◎朝日新聞出版

『仕事の答えは、すべて「童話」が教えてくれる。』

◎海竜社

『本音でシンプルに生きる！』
『誰よりもたくさん挑み、誰よりもたくさん負けろ！』

◎学研プラス

『たった2分で凹みから立ち直る本』
『たった2分で、決断できる。』
『たった2分で、やる気を上げる本。』
『たった2分で、道は開ける。』
『たった2分で、自分を変える本。』
『たった2分で、自分を磨く。』
『たった2分で、夢を叶える本。』
『たった2分で、怒りを乗り越える本。』
『たった2分で、自信を手に入れる本。』
『私たちの人生の目的は終わりなき成長である』
『たった2分で、勇気を取り戻す本。』
『今日が、人生最後の日だったら。』
『たった2分で、自分を超える本。』
『現状を破壊するには、「ぬるま湯」を飛び出さなければならない。』
『人生の勝負は、朝で決まる。』
『集中力を磨くと、人生に何が起こるのか？』
『大切なことは、「好き嫌い」で決めろ！』

◎ＫＡＤＯＫＡＷＡ

『君の眠れる才能を呼び覚ます50の習慣』

『戦う君と読む33の言葉』

◎かんき出版

『死ぬまで仕事に困らないために20代で出逢っておきたい100の言葉』

『人生を最高に楽しむために20代で使ってはいけない100の言葉』

ＤＶＤ『20代につけておかなければいけない力』

『20代で群れから抜け出すために顰蹙を買っても口にしておきたい100の言葉』

『20代の心構えが奇跡を生む【ＣＤ付き】』

◎きこ書房

『20代で伸びる人、沈む人』

『伸びる30代は、20代の頃より叱られる』

『仕事で悩んでいるあなたへ 経営コンサルタントから50の回答』

◎技術評論社

『顧客が倍増する魔法のハガキ術』

◎ＫＫベストセラーズ

『20代 仕事に躓いた時に読む本』

◎廣済堂出版

『はじめて部下ができたときに読む本』

『「今」を変えるためにできること』

『「特別な人」と出逢うために』

『「不自由」からの脱出』

『もし君が、そのことについて悩んでいるのなら』

『その「ひと言」は、言ってはいけない』

『稼ぐ男の身のまわり』

『「振り回されない」ための60の方法』

◎実務教育出版

『ヒツジで終わる習慣、ライオンに変わる決断』

◎秀和システム

『将来の希望ゼロでもチカラがみなぎってくる63の気づき』

◎新日本保険新聞社

『勝つ保険代理店は、ここが違う！』

◎すばる舎
『今から、ふたりで「5年後のキミ」について話をしよう。』

『「どうせ変われない」とあなたが思うのは、「ありのままの自分」を受け容れたくないからだ』

◎星海社
『「やめること」からはじめなさい』
『「あたりまえ」からはじめなさい』
『「デキるふり」からはじめなさい』

◎青春出版社
『リーダーになる前に20代でインストールしておきたい大切な70のこと』

◎総合法令出版
『20代のうちに知っておきたい お金のルール38』
『筋トレをする人は、なぜ、仕事で結果を出せるのか?』
『お金を稼ぐ人は、なぜ、筋トレをしているのか?』
『さあ、最高の旅に出かけよう』
『超一流は、なぜ、デスクがキレイなのか?』
『超一流は、なぜ、食事にこだわるのか?』
『超一流の謝り方』
『自分を変える 睡眠のルール』

◎ソフトバンク クリエイティブ
『人生でいちばん差がつく20代に気づいておきたいたった一つのこと』
『本物の自信を手に入れるシンプルな生き方を教えよう。』

◎ダイヤモンド社
『出世の教科書』

◎大和書房
『20代のうちに会っておくべき35人のひと』
『30代で頭角を現す69の習慣』
『孤独になれば、道は拓ける。』
『人生を変える時間術』
『やめた人から成功する。』

◎宝島社
『死ぬまで悔いのない生き方をする45の言葉』
【共著】『20代でやっておきたい50の習慣』
『結局、仕事は気くばり』
『仕事がつらい時 元気になれる100の言葉』
『本を読んだ人だけがどんな時代も生き抜くことができる』

『本を読んだ人だけがどんな時代も稼ぐことができる』
『1秒で差がつく仕事の心得』
『仕事で「もうダメだ！」と思ったら最後に読む本』

◎ディスカバー・トゥエンティワン

『転職1年目の仕事術』

◎徳間書店

『一度、手に入れたら一生モノの幸運をつかむ50の習慣』
『想いがかなう、話し方』
『君は、奇跡を起こす準備ができているか。』
『非常識な休日が、人生を決める。』

◎永岡書店

『就活で君を光らせる84の言葉』

◎ナナ・コーポレート・コミュニケーション

『15歳からはじめる成功哲学』

◎日本実業出版

『「あなたから保険に入りたい」とお客様が殺到する保険代理店』
『社長！この「直言」が聴けますか？』
『こんなコンサルタントが会社をダメにする！』

『20代の勉強力で人生の伸びしろは決まる』
『人生で大切なことは、すべて「書店」で買える。』
『ギリギリまで動けない君の背中を押す言葉』
『あなたが落ちぶれたとき手を差しのべてくれる人は、友人ではない。』

◎日本文芸社

『何となく20代を過ごしてしまった人が30代で変わるための100の言葉』

◎ぱる出版

『学校で教わらなかった20代の辞書』
『教科書に載っていなかった20代の哲学』
『30代から輝きたい人が、20代で身につけておきたい「大人の流儀」』
『不器用でも愛される「自分ブランド」を磨く50の言葉』
『人生って、それに早く気づいた者勝ちなんだ！』
『挫折を乗り越えた人だけが口癖にする言葉』
『常識を破る勇気が道をひらく』
『読書をお金に換える技術』
『人生って、早く夢中になった者勝ちなんだ！』
『人生を愉快にする！超・ロジカル思考』
『こんな大人になりたい！』

◎ＰＨＰ研究所
『「その他大勢のダメ社員」にならないために20代で知っておきたい100の言葉』

『もう一度会いたくなる人の仕事術』

『好きなことだけして生きていけ』

『お金と人を引き寄せる50の法則』

『人と比べないで生きていけ』

『たった1人との出逢いで人生が変わる人、10000人と出逢っても何も起きない人』

『友だちをつくるな』

『バカなのにできるやつ、賢いのにできないやつ』

『持たないヤツほど、成功する！』

『その他大勢から抜け出し、超一流になるために知っておくべきこと』

『図解「好きなこと」で夢をかなえる』

◎藤田聖人
『学校は負けに行く場所。』

『偏差値30からの企画塾』

◎マネジメント社
『継続的に売れるセールスパーソンの行動特性88』

『存続社長と潰す社長』

『尊敬される保険代理店』

◎三笠書房
『「大学時代」自分のために絶対やっておきたいこと』

『人は、恋愛でこそ磨かれる』

『仕事は好かれた分だけ、お金になる。』

『1万人との対話でわかった 人生が変わる100の口ぐせ』

『30歳になるまでに、「いい人」をやめなさい！』

◎リベラル社
『人生の9割は出逢いで決まる』

『「すぐやる」力で差をつけろ』

千田琢哉（せんだ・たくや）

文筆家。

愛知県犬山市生まれ、岐阜県各務原市育ち。

東北大学教育学部教育学科卒。日系損害保険会社本部、大手経営コンサルティング会社勤務を経て独立。コンサルティング会社では多くの業種業界における大型プロジェクトのリーダーとして戦略策定からその実行支援に至るまで陣頭指揮を執る。のべ3,300人のエグゼクティブと10,000人を超えるビジネスパーソンたちとの対話によって得た事実とそこで培った知恵を活かし、"タブーへの挑戦で、次代を創る"を自らのミッションとして執筆活動を行っている。

現在までの著書累計は240万部を超える（2016年10月現在）。

ホームページ：

http://www.senda-takuya.com/

＊本書は二〇一二年に小社から刊行された『「我慢」と「成功」の法則』を改題して文庫化したものです。

だいわ文庫

やめた人《ひと》から成功《せいこう》する。

著者　千田《せんだ》琢哉《たくや》

二〇一六年一〇月一五日第一刷発行
二〇一八年六月一〇日第四刷発行

発行者　佐藤 靖

発行所　大和《だいわ》書房
東京都文京区関口一－三三－四 〒一一二－〇〇一四
電話 〇三－三二〇三－四五一一

フォーマットデザイン　鈴木成一デザイン室

本文デザイン　岩永香穂（tobufune）

本文印刷　信毎書籍印刷

カバー印刷　山一印刷

製本　ナショナル製本

ISBN978-4-479-30617-7

乱丁本・落丁本はお取り替えいたします。

http://www.daiwashobo.co.jp